CON GRIN SUS CONOCIMI
VALEN MAS

Bibliographic information published by the German National Library:

The German National Library lists this publication in the National Bibliography; detailed bibliographic data are available on the Internet at http://dnb.dnb.de .

Imprint:

Copyright © 2018 GRIN Verlag
Print and binding: Books on Demand GmbH, Norderstedt Germany
ISBN: 9783668668447

This book at GRIN:

https://www.grin.com/document/417434

José Raúl Pérez Martínez

La World Wide Web e Internet. Factores de cambio y constantes transformaciones

GRIN Verlag

GRIN - Your knowledge has value

Since its foundation in 1998, GRIN has specialized in publishing academic texts by students, college teachers and other academics as e-book and printed book. The website www.grin.com is an ideal platform for presenting term papers, final papers, scientific essays, dissertations and specialist books.

Visit us on the internet:

Http://www.grin.com/

Http://www.facebook.com/grincom

Http://www.twitter.com/grin_com

Índice (Index)

Contenido

Página de Presentación

Título: La World Wide Web e Internet, factores de cambio y constantes transformaciones

Title: The World Wide Web and the Internet, factors of change and constant transformations

Autor: José Raúl Pérez Martínez

Author: José Raúl Pérez Martínez

Nota del autor: Las Imágenes que encontrará en este ensayo académico disponen de licencia Creative Commons 0 (CC0) y han sido obtenidas en http://Pixabay.com. Las referencias bibliográficas presentes en esta obra se encuentran acotadas según Normas Vancouver.

Author's note: The images that you will find in this academic essay have Creative Commons license 0 (CC0) and have been obtained in http://Pixabay.com. The bibliographical references present in this work are limited according to Vancouver Norms.

RESUMEN

El presente ensayo académico aborda conceptos fundamentales que se relacionan o vinculan con la Internet o Red de Redes como fenómeno de alcance global, arrojando luz sobre términos que algunos usuarios, de manera errónea, consideran sinónimos, o cuyas diferencias no le son a simple vista apreciables, tales como el servicio WWW, los sitios web y sus diversos tipos, así como las formas que puede adoptar de acuerdo con las funciones que ejercen y los paradigmas a los que responden, lenguajes de programación empleados en su confección, el papel que desempeñan dentro de la red y su historia. Es importante en la comprensión del alcance y auge que ha cobrado internet, el análisis de los diferentes estadios por los que ha transitado la web, por ende, aquí se abordan las diferencias entre los paradigmas Web 1.0 y 2.0, sus características y rasgos distintivos, así como las diferencias conceptuales entre página web y sitio web. El estudio dirige una mirada atenta a una forma muy particular de sitios web; los sitios web multimediales, provistos con animaciones en tecnología Flash, videos insertados y un grado de complejidad que va en ascenso y que es preciso comprender, para lograr un mejor aprovechamiento de estos recursos presentes en línea.

Palabras clave: Sitio web, página web, telaraña de alcance global, WWW, Internet, multimedia, diseño multimedia, sitios web multimediales.

ABSTRACT

This academic essay deals with fundamental concepts that are related to or linked to the Internet or Network of Networks as a phenomenon of global reach, shedding light on terms that some users mistakenly consider synonymous, or whose differences are not visible to the naked eye , such as the WWW service, the websites and their various types, as well as the forms that can be adopted according to the functions they perform and the paradigms they respond to, the programming languages used in their preparation, the role they play within of the network and its history. It is important in understanding the reach and boom that the internet has gained, the analysis of the different stages through which the web has traveled, therefore, here the differences between the Web 1.0 and 2.0 paradigms, their characteristics and distinctive features are addressed, as well as the conceptual differences between web page and website. The study directs a careful look at a very particular form of websites; multimedia websites, provided with animations in Flash technology, embedded videos and a degree of complexity that is on the rise and that needs to be understood, to achieve a better use of these resources present online.

Keywords: Website, web page, web of global reach, WWW, Internet, multimedia, multimedia design, multimedia websites.

INTRODUCCIÓN

Por varias décadas de existencia humana, y hasta nuestros días, los sitios Web han constituidos un complejo entramado de recursos presentes en línea, estos facilitan la compra y contratación de diversos productos y servicios.

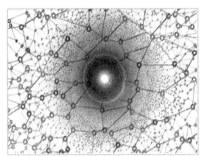

Hasta el verano de 1991, el uso de Internet, llamado algunas veces simplemente "La Red" era bastante restríngido, todo se reducía a usuarios en Universidades y centros de Investigación repartidos por el mundo que accedían a los servicios que proporcionaba la Red, mediante programas cuya utilización exigía secuencias de comandos. Casi todas las máquinas utilizaban el Sistema Operativo UNIX. El manejo no era sencillo, el intérprete de comandos no era muy intuitivo. La Red solo era utilizada por especialistas. [1]

En 1989, el británico Timothy Berners-Lee (al que se considera el padre de la Web), que a la sazón trabajaba en el Laboratorio Europeo de Física de Partículas CERN de Ginebra, empezó a escribir un programa que permitiera almacenar información. De modo magistral dio forma y aplicación a un par de conceptos que ya habían sido formulados anteriormente de forma más o menos vaga y genérica: El hipervínculo, que conducía directamente al concepto hipertexto, de ahí a las páginas HTML (página Web) que a su vez, daría origen a un nuevo servicio de Internet, es decir, una nueva forma de usar la Red. Hacia finales de 1990 hizo el proyecto del programa, y con el apoyo de su jefe, lo colocó en la Internet en el verano de 1991, convirtiéndose en un nuevo paradigma de arquitectura de la información: Los "Hypermedia" (en español, Hipermedia) Las páginas de hipertextos, con sus hipervínculos enlazando información en cualquier parte del mundo, tejen una telaraña mundial, de ahí el nombre que recibió: Telaraña de Cobertura Mundial, "World Wide Web", abreviadamente "La Web"; WWW o W³. [1]

La Web es una "interface" para utilizar la red; muchos de los servicios que proporciona Internet han adoptado formas compatibles con los navegadores. [1] Desde marzo de 1995 hasta la actualidad, pasa al primer lugar, al superar el número de paquetes trasmitidos por el FTP. [2]

5

Los sitios Web son un medio de comunicación cómodo y elegante, basado en multimedia de hipertexto, se pueden utilizar para publicar determinada información en las redes, así como, el usuario puede visitar lugares de forma virtual, oír música, leer textos, contienen páginas Web con videos juegos, videos, es decir, que el usuario puede interactuar sobre estos medios computarizados puestos en la Internet y que son de alcance mundial en el ciberespacio. La totalidad de los sitios Web disponibles a nivel público se entretejen y vinculan entre sí, ya sea de una manera directa o indirecta, a veces solo por su contenido; para conformar una monumental telaraña de alcance global, también conocida como World Wide Web, algo muy similar a un ciclópeo armazón de recursos de alcance mundial.

El presente ensayo académico aborda conceptos fundamentales que se relacionan o vinculan con la Internet o Red de Redes como fenómeno de alcance global, arrojando luz sobre términos que algunos usuarios, de manera errónea, consideran sinónimos, o cuyas diferencias no le son a simple vista apreciables, tales  como el servicio WWW, los sitios web y los diversos tipos o formas en los que se le puede encontrar de acuerdo con las funciones que ejercen, el papel que desempeñan dentro de la red y su historia.

Es importante en la comprensión del alcance y auge que ha cobrado internet, el análisis de los diferentes estadios por los que ha transitado la web, por ende, aquí se abordan las diferencias entre los paradigmas Web 1.0 y 2.0, sus características y rasgos distintivos, así como las diferencias conceptuales entre página web y sitio web. El estudio dirige su atención hacia una forma muy particular de sitios web, los sitios web multimediales, provistos con animaciones en tecnología Flash, videos insertados y un grado de complejidad que va en ascenso y que es preciso comprender, para lograr un mejor aprovechamiento de estos recursos presentes en línea.

DESARROLLO

Gracias a la incorporación del servicio WWW hoy en día, el Internet es un medio de comunicación público, cooperativo y autosuficiente en términos económicos, es una fuente inagotable del conocimiento humano, accesible a cientos de millones de personas en el mundo entero. [3]

En varias publicaciones se define un sitio Web de las siguientes maneras:

- Un conjunto de archivos electrónicos y páginas Web referentes a un tema en particular, que incluye una página inicial de bienvenida, generalmente denominada home page, con un nombre de dominio y dirección en Internet específicos. [3]

- En inglés website o web site, un sitio web es un sitio (localización) en la World Wide Web que contiene documentos (páginas web) organizados jerárquicamente. Cada documento (página web) contiene texto, gráficos que aparecen como información digital en la pantalla de un ordenador. Un sitio puede contener una combinación de gráficos, texto, audio, vídeo, y otros materiales dinámicos o estáticos. Cada sitio pertenece y es gestionado por un individuo, una compañía o una organización. [4]

- Un sitio Web es un conjunto de páginas Web interrelacionadas, que ofrecen contenidos en forma de texto, imágenes o sonidos sobre algún tema en particular. Se orientan al suministro de contenidos y servicios de información sobre una organización o un servicio de una organización específica o contenidos y servicios de varias organizaciones. [5]

- El autor del presente estudio es del criterio, que para comprender mejor la definición de sitio Web, sería bueno conocer primeramente el significado de sitio, partiendo de que un sitio es un lugar que sirve para algo o un espacio ocupado o que puede llegar a serlo. La Web, por su parte, hace referencia a Internet, una red de redes que permite la interconexión de computadoras mediante un conjunto de protocolos denominado TCP/IP. Un sitio Web, por lo tanto, es un espacio virtual en Internet. Se trata de un conjunto de páginas Web que son accesibles desde el mismo dominio o sub-dominio de la World

7

Wide Web. Es utilizado por el hombre como medio de comunicación y puede contener gráficos, texto, audio, video y otros materiales dinámicos o estáticos de interés; que presentan abundancia de elementos multimedia que los hacen converger, es decir, que un sitio Web y las multimedia van a concurrir al mismo fin o dirigirse a un mismo punto. [6]

Algunos tipos de sitios Web

Existen muchas variedades de sitios Web, cada uno especializándose en un tipo particular de contenido o uso, y ellos pueden ser arbitrariamente clasificados de muchas maneras: [7]

Sitio archivo: Usado para preservar contenido electrónico valioso amenazado con extinción. Dos ejemplos son: Internet Archive, el cual desde 1996 ha preservado billones de antiguas (y nuevas) páginas Web; y Google Groups, que a principios de 2005 archivaba más de 845.000.000 mensajes expuestos en los grupos de noticias/discusión de Usenet, tras su adquisición de Deja News. [7]

Sitio weblog (o blog o bitácora digital): Sitio usado para registrar lecturas online o para exponer contenidos en línea con la fecha del día de ingreso; también puede incluir foros de discusión. Ejemplos: Blogger, LiveJournal, WordPress.

Sitio de comunidad virtual: Un sitio o portal social donde las personas con intereses similares se comunican unos con otros, normalmente por chat o foros o simples mensajes. Por ejemplo: MySpace, Facebook, Hi5, Orkut, Habbo, Multiply, Quepasa. [7]

Sitio de Base de datos: Un sitio donde el uso principal es la búsqueda y muestra de un contenido específico de la base de datos, como por ejemplo Internet Movie Database.

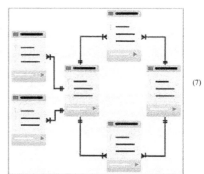

[7]

Sitio portal: Un sitio Web que proporciona un punto de inicio, entrada o portal, a otros recursos en Internet o una intranet. [7]

Sitio Web 1.0: Es un tipo de Web estática, creada en el año 1994 y utilizada hasta 1997, está asociada con la tecnología HTML y GIF y las páginas Web son documentos estáticos que no eran actualizados periódicamente y en los cuales no había interacción de parte de los usuarios. [8]

Algunas de las características de la Web 1.0 son: [8]

- Presencia informativa y accesible a través de la red.

- Internet se convierte en un servidor de conocimiento estático de acceso limitado por razones técnicas, económicas y geográficas.

- Páginas creadas a partir del código HTML difícilmente actualizables y con nula interacción del usuario en los mismos.

- El webmaster ingresa la información en las páginas Web, los usuarios pueden visualizar la información, pero no pueden interactuar con el medio.

Diversas aplicaciones o programas fueron utilizados con la Web 1.0, podemos mencionar algunas de ellas: [7]

- Flash
- JavaScript
- HTML
- Diseño de páginas por medio de marcos, tablas e hipervínculos.

Sitio Web 2.0: Es de tipo colaborativo, su creación surgió en el año 2003 y se sigue utilizando en la actualidad. Los usuarios se convierten en contribuidores, publican las informaciones y realizan cambios en los datos y está basada en comunidades de usuarios, que fomentan la colaboración y el intercambio ágil de información. Es la transición que se ha dado de aplicaciones tradicionales a aplicaciones que funcionan a través de la Web enfocadas al usuario final. Por hacer mención de algunas de estas aplicaciones podemos citar: Facebook, Wikipedia y Wikispace. [9]

Algunas de las características de la Web 2.0 son: [10]

- Simplifica el uso del sitio Web.
- Ahorra tiempo al usuario.
- Facilita las interacciones.
- Facilita la convergencia entre los medios de comunicación y los contenidos.
- Facilita la publicación, la investigación y la consulta de contenidos Web.
- Presenta software gratuito o de muy bajo costo.
- Los usuarios se transforman en productores de contenido.
- El webmaster son los usuarios, interactúan con la página, pueden editarla o agregar información.

Ventajas de la Web 2.0

- El software es legal, no hay que preocuparse por licencia alguna.
- Disponible en cualquier lugar.
- Funciona independientemente del sistema operativo que se use e incluso se puede acceder desde cualquier dispositivo.
- Menor requerimiento del hardware, solo se necesita poder utilizar un navegador.
- Es de tipo colaborativo, porque pueden trabajar varias personas a la vez. [7]

En la actualidad la inmensa mayoría de los sitios Web han sido diseñados bajo el paradigma de sitios Web 2.0, pueden ser considerados multimedia en línea, porque en su diseño convergen un grupo de elementos multimedia, ejemplo de estos elementos multimedia: para tornar atractivos, llamar la atención del usuario, para la interactividad de los usuarios, amena, agradable, buen ambiente, despertar la atención de los usuarios potenciales. [11]

Diferencia entre página Web y sitio Web

A veces se utiliza erróneamente el término página Web para referirse a sitio Web. Una página Web es parte de un sitio Web y es un único archivo con un nombre de archivo asignado, mientras que un sitio Web es un conjunto de archivos llamados páginas Web. Sí lo comparamos con un libro, un sitio Web sería el libro entero y una página Web de este sitio Web sería un capítulo de ese libro. El título del libro sería el nombre del dominio del sitio Web. Un capítulo, al igual que una página Web, tiene un nombre que lo define. [4]

Beneficios de una página Web

Cualquier página Web que responda al paradigma Web 2.0, puede contener imágenes, video, sonido, texto, e hasta ciertos recursos 3D, y animación, toda vez que tales elementos despierten el interés del visitante si se encuentran armoniosamente ensamblados. Aquí el usuario no se restringe a la localización pasiva de la información que necesita y esto dota a la página de determinado grado de interactividad.

A través de una página Web una empresa, institución u organismo puede proveer a sus clientes de la información que necesitan con respecto a sus productos y servicios, y actualizarla al mismo ritmo al que se están desarrollando nuevos aspectos; esto es mucho más fácil y económicamente sustentable que hacer llamadas telefónicas, imprimir nuevos catálogos o hacer publicaciones y comunicados de prensa cada vez que sea necesario. Por este medio es posible evaluar a los clientes actuales y generar novedosas oportunidades de negocio. Mediante encuestas publicadas dentro de su página Web, puede obtenerse una respuesta por parte de los clientes actuales, y así conocer y abordar mejor sus inquietudes y sugerencias con respecto a los servicios que ellos están recibiendo. De igual manera se torna factible la exhibición de nuevos productos e ideas y conseguir la opinión de los visitantes de la página o sitio web.

Disímiles son los beneficios que puede ofrecer una página Web a una empresa, institución u organismo de cualquier naturaleza, independientemente del lugar en que se encuentre ubicado en el universo.

Relación entre página Web y sitio Web multimedia

Las páginas Web también pueden presentar desarrollos multimedia, con animaciones en Flash, videos insertados desde youtube, música de fondo y material para leer. En este caso puede hablarse de multimedia interactiva, ya que es el usuario quien decide cómo será la presentación de la información y en qué momento iniciarla a través de sus clics. [12] La comunicación multimedia facilita la comprensión y el aprendizaje, ya que resulta muy parecida a la comunicación humana directa (cara a cara). En una conversación se observa al interlocutor, lo que sería equivalente a un video, y se escucha, que sería el audio, mientras acompaña sus palabras, con gestos y movimientos corporales que serían las animaciones. Una presentación multimedia puede realizarse en directo o estar grabada. La difusión de los contenidos, por otra parte, pueden concretarse a través de Internet, proyectarse en una pantalla o desarrollarse en un escenario. [13]

Actualmente los sitios Web y las páginas Web de igual naturaleza, incorporan una amplia variedad de recursos multimedia que convergen de manera inteligente y articulada con la tecnología Web. Esta convergencia responde al paradigma Web 2.0, donde se le atribuye especial importancia a la interactividad y a la participación de los usuarios para recibir de ellos su influencia y retroalimentación.

Puede interpretarse como multimedia a todo aquello que utiliza conjuntamente diversos medios de comunicación en la presentación de la información, videos, sonidos y texto. Básicamente, multimedia es la cualidad de un sistema o documento que utiliza más de un medio de comunicación al mismo tiempo. [14]

El presente autor reconoce un conjunto de ventajas, derivadas del uso de los recursos multimedia. Como factor integrante de los sitios Web actuales a saber: Pueden lograr lo que difícilmente se puede decir o explicar en palabras.

- Acorta distancias geográficas y permite una mejor preparación y entrega de mensajes.
- Utiliza simultáneamente diversos medios de comunicación en la presentación de la información (audio, video, animación, texto).
- Se puede acceder de forma rápida, amena y eficaz a la información deseada al interactuar con el medio. Facilita a sus clientes la información de modo intuitivo, aportando contenido en diferentes formatos.

Un diseño multimedia puede presentar varios tipos de información, por lo cual, se puede decir que:

El diseño multimedia es una herramienta sumamente efectiva para llamar la atención y trasmitir una idea en poco tiempo. Actualmente aplicada mayormente a medios electrónicos, se vale del diseño gráfico para combinar textos, imágenes, colores, animaciones, videos, espacios, audio e interacción en una aplicación informativa promocional. Aunque no necesariamente se tiene que utilizar todos los medios juntos, el término multimedia se refiere a múltiples medios de comunicación. [15]

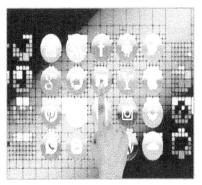

Los medios antes referidos están encaminados a lograr un mismo objetivo y convierten a las herramientas multimedia en una eficaz forma de promocionar los productos o servicios de cualquier empresa, institución u organismo. Una multimedia promocional puede sustituir, en muchos casos, a los medios impresos como catálogos y folletos, lo cual es ideal para que los clientes tengan toda la información que se desee darle a conocer por vía Internet o un CD/DVD-ROM, que podrán ver desde cualquier lugar y hora deseada. Se reducen los costos de papelería, hará llegar el mensaje con mayor precisión a través de la combinación de texto, audio, animación y video.

Muchos son los beneficios de una multimedia promocional, el principal es el crear una experiencia en los espectadores, a diferencia de la televisión y radio, más económica comparado a su duración y distribución, ya que aunque se puede realizar una inversión importante, el fruto de la misma puede ser distribuida mediante medios electrónicos ilimitadamente.

Automatización en las bibliotecas

A partir de la década de los años 60 del siglo XX, en que la Biblioteca del Congreso de los Estados Unidos, inició la automatización de sus voluminosos fondos, fueron muchos los pasos dados en el mundo de las bibliotecas hacia la automatización y la digitalización. En el año 1963, se publicó el informe titulado "La automatización en la Biblioteca del Congreso". Dos años después, en 1965, Henrette D´ Abraham propuso el formato MARC, que luego derivó en diferentes aplicaciones en el mundo y marcó pautas definitivas en la digitalización de los fondos bibliotecarios. En el año 1971, Michael Hart decidió hacer realidad la idea de que muchos de los más famosos e importantes textos de la humanidad estuviesen en disponibles libremente para todos. Surgieron así, las bases del actual Proyecto Gutenberg, (http://promo.net/pg/) como el más antiguo proyecto de "biblioteca digital", de libros y textos electrónicos en Internet, con miles de voluntarios y colaboradores en todo el mundo. Pretende disponer los textos digitales de la forma más simple posible para facilitar el acceso de los usuarios finales. En la década de los 80 se introdujo en las bibliotecas latinoamericanas el software de la UNESCO denominado Micro CDS/ISIS (Computarizad Documentation System_Integrated/Setfor Information System), desarrollado por la UNESCO, se utiliza para la construcción de bases de datos textuales y puede aplicarse para registrar libros, videos, artículos periodísticos, historias clínicas. Es de fácil instalación y operación, y permite buscar la información en la computadora en cuestión de segundos, e imprimirla en diversos formatos. (5)

En Cuba, el sistema de bibliotecas universitarias adoptó como norma para la actualización de sus acervos el CDS/ISIS, que posteriormente se difundió con amplitud a otras instituciones. Esta acción marcó una pauta importante en la automatización de las bibliotecas en el país, fundamentalmente en las bibliotecas universitarias. (5)

En las bibliotecas del siglo XXI, no solo se manipulan recursos convencionales, tales como, fichas, entre otros, sino que se utilizan también (para orientar y ayudar a los usuarios) una serie de recursos digitales procedentes del ámbito de las tecnologías de la información y las comunicaciones (TIC). En la actualidad los usuarios pueden acceder desde la misma biblioteca a recursos Web y multimedias que aporten información sobre los medios disponibles en la biblioteca, la colección actualizada y nuevas adquisiciones, entre otra información de interés.

La biblioteca digital o biblioteca sin paredes, conceptos con los que se suele referir a la integración de este desarrollo tecnológico en los servicios bibliotecarios, han diversificado las formas de acceso a la información disponible para el usuario: junto con la forma tradicional de acceso a la información, el papel y los microformatos, aparece la forma electrónica, los soportes ópticos y magneto-ópticos, en todas sus variedades. En la actualidad, y debido al desarrollo tecnológico de campos como la informática y la electrónica una biblioteca puede considerarse una base de datos compuesta en su mayoría por documentos y textos impresos en el papel e indexados para su consulta. [16]

Un aspecto de vital importancia para el desarrollo en el ámbito de la información científica es el empleo de medios electrónicos y automatizados, por el lugar que ocupan en la difusión del conocimiento y el reto que significan debido al dinamismo con que tienen lugar las innovaciones tecnológicas para la transmisión y el procesamiento de la información. El desarrollo de las tecnologías de almacenamiento, recuperación y diseminación de información, en especial de Internet, han influido sobre el servicio de referencia y sus fondos. En virtud de ello, es cada vez mayor el caudal de conocimiento publicaciones especializadas disponibles en versión electrónica útiles a este servicio. Las bibliotecas actuales deben considerar la inclusión de materiales audiovisuales y multimedia en los servicios bibliotecarios, tanto para préstamos como para referencia, así como el servicio de consulta de materiales. [17]

Se dispone de un número creciente de colecciones multimedia vía Internet que deben de ser de completo y rápido acceso para el usuario en la biblioteca. Puede tratarse de documentos distribuidos sin costo alguno u obtenidos por medio de compra. Algunas publicaciones electrónicas no se distribuyen en soportes físicos y necesitan copiarse en el sistema de acceso de la biblioteca para almacenarse en depósitos de disco duro, bobinadores en continuo, u otros sistemas de almacenamiento de datos, transferidos automáticamente por la editorial o recolectados por la biblioteca con una solicitud de recolección. [18]

CONCLUSIONES

El servicio WWW cambió radicalmente la forma en que el ciudadano común veía a Internet e interactuaba con esta red de alcance global, pasando de una interacción casi nula, reservada solo a especialistas, a un intercambio cada vez más interactivo y multimedial, en la actualidad Internet es un medio de comunicación público, cooperativo y autosuficiente en términos económicos, constituye una fuente creciente e inagotable de conocimiento humano, dotado de un altísimo grado de accesibilidad, con contenidos de acceso público que llegan a cientos de millones de personas en el todo el planeta. Este servicio constituyó un punto de inflexión que generó la aparición de sitios web cada vez más multimediales, interactivos y diversos en su formato y estructura; aparecieron los paradigmas Web 1.0 y Web 2.0, surgieron y se complejizaron sitios de características muy particulares como es el caso de los blogs, nuevos paradigmas de acceso a la información y de gestión de contenido en línea vieron la luz. El presente trabajo no pretende ser un compendio acabado de todas estas manifestaciones fenoménicas sino apenas un esbozo que abra las puertas a investigaciones más profundas.

Nota del autor: Las Imágenes que encontrará en este ensayo académico disponen de licencia Creative Commons 0 (CC0) y han sido obtenidas en http://Pixabay.com. Las referencias bibliográficas presentes en esta obra se encuentran acotadas según Normas Vancouver.

Author's note: The images that you will find in this academic essay have Creative Commons license 0 (CC0) and have been obtained in http://Pixabay.com. The bibliographical references present in this work are limited according to Vancouver Norms.

CONCLUSIONS

The WWW service radically changed the way in which the ordinary citizen viewed the Internet and interacted with this network of global reach, going from an almost null interaction, reserved only to specialists, to an increasingly interactive and multimedia exchange, currently the Internet it is a public, cooperative and self-sufficient means of communication in economic terms, it constitutes a growing and inexhaustible source of human knowledge, endowed with a very high degree of accessibility, with public access contents reaching hundreds of millions of people all over the planet . This service was a turning point that generated the appearance of increasingly multimedia websites, interactive and diverse in their format and structure; Web 1.0 and Web 2.0 paradigms appeared, sites with very specific characteristics emerged, such as blogs, new paradigms of access to information and online content management came to light. The present work does not pretend to be a complete compendium of all these phenomenal manifestations but only a sketch that opens the doors to deeper investigations.

Nota del autor: Las Imágenes que encontrará en este ensayo académico disponen de licencia Creative Commons 0 (CC0) y han sido obtenidas en http://Pixabay.com. Las referencias bibliográficas presentes en esta obra se encuentran acotadas según Normas Vancouver.

Author's note: The images that you will find in this academic essay have Creative Commons license 0 (CC0) and have been obtained in http://Pixabay.com. The bibliographical references present in this work are limited according to Vancouver Norms.

REFERENCIAS BIBLIOGRÁFICAS

1. Zator Systems [Internet]. Granada: Zator Systems; 1990-2012. Jiménez Millán A. Notas sobre Internet (la Web). [Actualizada 9 abr 2010; acceso 16 feb 2012]. Disponible en: http://www.zator.com/Internet/A5-1.htm.

2. González García N, Torres Delgado JA. Informática Médica: Computación I. Ciudad de La Habana: Editorial Ciencias Médicas; 2005.

3. Informática Milenium [Internet]. España. Informática Milenium; 2011 [actualizada 16 feb 2012; acceso 15 mar 2012]. S. A. de C.V. Definición de Internet. Disponible en: http://www.informaticamilenium.com.mx/paginas/espanol/sitioweb.htm

4. Masadelante.com [Internet]. España: Masadelante.com; 1999-2012. Definición de Sitios Web y Páginas Web [actualizada 23 nov 2011; acceso 24 ene 2012]. Disponible en: http://www.masadelante.com/faqs/sitio-web.

5. Cabrera Facundo AM, Coutín Domínguez A. Las bibliotecas digitales. Parte I. Consideraciones Teóricas, ACIMED [Internet]. 2005 [acceso 16 nov 2012];13(2): [aprox. 3 p.]. Disponible en: http://scielo.sld.cu/scielo.php?pid=s1024-94352005000200004&script=?sci-arttextt&t(ng=en

6. Pérez Porto J, Merino M. Definición de sitio web — Definicion.de [Internet]. Definición.de. 2013 [citado 19 de marzo de 2018]. Disponible en: https://definicion.de/sitio-web/

7. Wikipedia [Internet]. Florida: Wikimedia Foundation; 2001. Tipos de Sitios Web [actualizada 3 jun 2011; acceso 6 oct 2011]. Disponible en: https://es.wikipedia.org/wiki/Sitio_web

8. Ng A. Técnicas Enfermeras: Webquest «Web 1.0 vs Web 2.0 vs Web 3.0» [Internet]. Técnicas Enfermeras. 2016 [citado 19 de marzo de 2018]. Disponible en: http://tecnicasenfermerastics.blogspot.com/2016/11/webquest-web-10-vs-web-20-vs-web-30.html

9. Evolución de la WebNRELL [Internet]. evoluciondelawebnrell. [citado 19 de marzo de 2018]. Disponible en: https://sites.google.com/site/evoluciondelawebnrell/

10. Blay Pérez A. Diferencias entre entornos 1.0, 2.0 y 3.0 [Internet]. Antonio Blay y los Recursos Humanos. 2012 [citado 2 de marzo de 2018]. Disponible en: https://antonioblay.wordpress.com/2012/12/17/diferencias-entre-entornos-1-0-2-0-y-3-0/

11. Slide Share Inc [Internet]. Estados Unidos: Slide Share Inc; 2012. Web 1.0 y Web 2.0. [actualizada 27 abr 2009; acceso 18 feb 2012]. Disponible en: http://www.slideshare.net/mmaranju/web-1.0y-web2.0_1354348

12. Prograweb.com.mx. Multimedia [Internet]. Instituto Politécnico de Veracruz. [citado 2 de marzo de 2018]. Disponible en: http://www.prograweb.com.mx/multimedia/

13. Definición.DE [Internet]. [s.l.]: Definición.de; 2008-2012. Definición de Multimedia [actualizada 26 mar 2004; acceso 10 ene 2012]. Disponible en: http://definicion.de/multimedia/

14. Multimedia Educativa [Internet]. Multimedia Educativa; 199-2012. Multimedia [actualizada 29 oct 2008; acceso 4 feb 2012]. Disponible en: http://multimedia-educativa-dago.blogspot.com/

15. La Enciclopedia Libre Universal en Español [Internet]. Multimedia [actualizada 17 feb 2012; acceso 4 mar 2012]. Disponible en: http://enciclopedia.us.es/index.php/multimedia

16. Montes de Oca JL. Diseminación Selectiva de Información: Sistema Automatizado para su Control y Evaluación. [Tesis para optar por el título de licenciado en Gestión de la Información en Salud]. Cienfuegos: Facultad Ciencias Médicas; 2008.

17. Universidad Nacional Autónoma de México. Dirección Nacional de Bibliotecas. Educación continua. El profesional de la información ante el entorno digital [mesa redonda]. 2001. [citado 22 sept.2007]. Disponible en: http://www.ifla.org/iv/ifla66/papers/005-120s.htm

18. García González Y. La conservación y preservación de los soportes electrónicos [Internet] [Tesina para obtener el título de Licenciado en Biblioteconomía]. [México, D.F.]: Escuela Nacional de Biblioteconomía y Archivonomía; 2005 [citado 20 de marzo de 2018]. Disponible en: http://www.bibliotecaenba.sep.gob.mx/tesis/227.pdf